Коли мені сумно
When I Am Gloomy

Сем Сагольський
Ілюстратор: Дарія Смислова

www.kidkiddos.com
Copyright ©2025 by KidKiddos Books Ltd.
support@kidkiddos.com

All rights reserved. No part of this book may be reproduced in any form or by any electronic or mechanical means, including information storage and retrieval systems, without written permission from the publisher, except in the case of a reviewer, who may quote brief passages embodied in critical articles or in a review.
First edition, 2025

Translated from English by Yelyzaveta Barsa
Переклад з англійської Єлизавети Барси

Library and Archives Canada Cataloguing in Publication
When I Am Gloomy (Ukrainian English Bilingual edition)/Shelley Admont
ISBN: 978-1-83416-618-6 paperback
ISBN: 978-1-83416-619-3 hardcover
ISBN: 978-1-83416-617-9 eBook

Please note that the Ukrainian and English versions of the story have been written to be as close as possible. However, in some cases they differ in order to accommodate nuances and fluidity of each language.

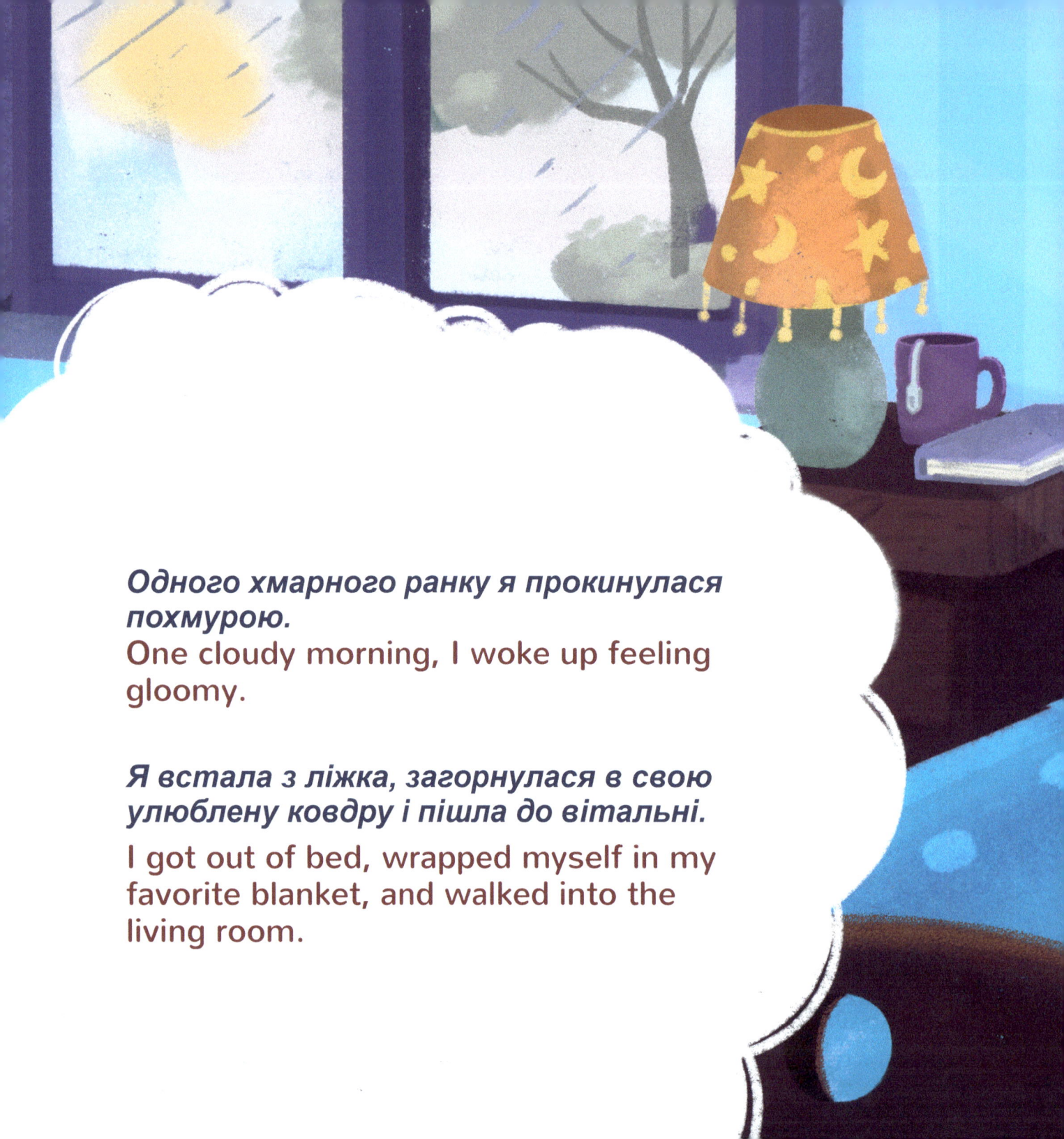

Одного хмарного ранку я прокинулася похмурою.
One cloudy morning, I woke up feeling gloomy.

Я встала з ліжка, загорнулася в свою улюблену ковдру і пішла до вітальні.
I got out of bed, wrapped myself in my favorite blanket, and walked into the living room.

– Мамо! – гукнула я. – У мене поганий настрій.
"Mommy!" I called. "I'm in a bad mood."

Мама підвела очі від книги:
– Поганий? Чому ти так кажеш, люба? – запитала вона.
Mom looked up from her book. "Bad? Why do you say that, darling?" she asked.

– Поглянь на моє обличчя! – сказала я, вказуючи на свої нахмурені брови. Мама ніжно усміхнулася.
"Look at my face!" I said, pointing to my furrowed brows. Mom smiled gently.

– У мене сьогодні нещасливе обличчя, – пробурмотіла я. – Ти все ще любиш мене, коли я похмура?
"I don't have a happy face today," I mumbled. "Do you still love me when I'm gloomy?"

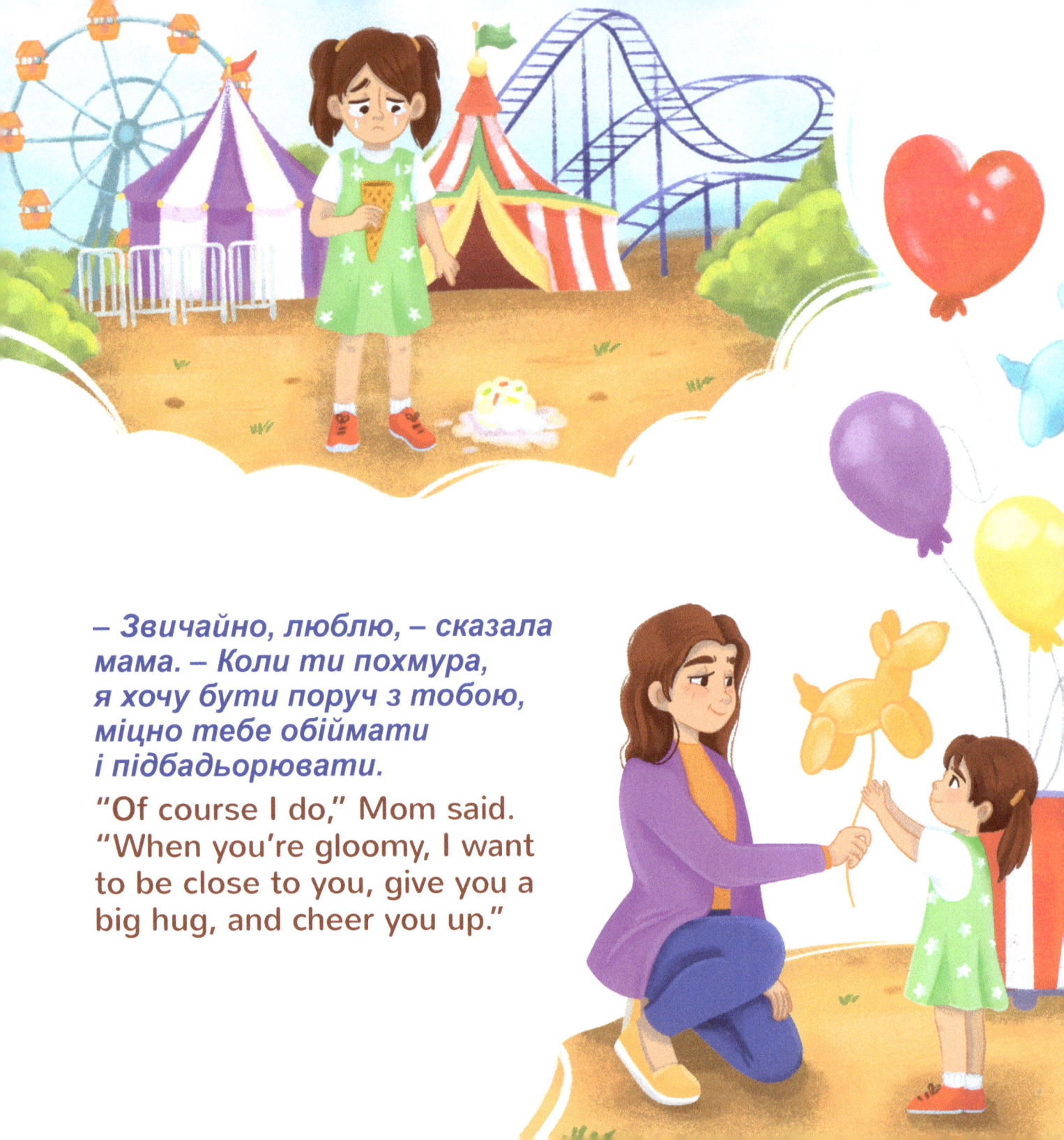

– Звичайно, люблю, – сказала мама. – Коли ти похмура, я хочу бути поруч з тобою, міцно тебе обіймати і підбадьорювати.

"Of course I do," Mom said. "When you're gloomy, I want to be close to you, give you a big hug, and cheer you up."

Від цього мені стало трохи легше, але лише на мить, тому що потім я почала думати про всі свої інші настрої.

That made me feel a little better, but only for a second, because then I started thinking about all my other moods.

– То… ти все ще любиш мене, коли я злюся?
"So... do you still love me when I'm angry?"

Мама знов усміхнулася:
– Звісно, я люблю тебе.
Mom smiled again. "Of course I do!"

– Ти впевнена?
– запитала я, схрестивши руки.
"Are you sure?" I asked, crossing my arms.

– *Навіть коли ти злишся, я все ще твоя мама.
І я люблю тебе так само.*

"Even when you're mad, I'm still your mom.
And I love you just the same."

*Я глибоко вдихнула:
— А як щодо того, коли я соромлюсь? – прошепотіла я.*
I took a big breath. "What about when I'm shy?" I whispered.

— Я люблю тебе, коли ти соромишся також, – сказала вона. – Пам'ятаєш, коли ти сховалася за мною і не хотіла розмовляти з новим сусідом?
"I love you when you're shy too," she said. "Remember when you hid behind me and didn't want to talk to the new neighbor?"

Я кивнула. Я добре це пам'ятала.
I nodded. I remembered it well.

– *А потім ти привіталася і знайшла нового друга. Я так тобою пишалась.*

"And then you said hello and made a new friend. I was so proud of you."

– Ти все ще любиш мене, коли я ставлю забагато запитань? – продовжила я.

"Do you still love me when I ask too many questions?" I continued.

– Коли ти ставиш багато запитань, як зараз, я спостерігаю, як ти вчишся новому, що робить тебе розумнішою і сильнішою з кожним днем, – відповіла мама. – І так, я все ще люблю тебе.

"When you ask a lot of questions, like now, I get to watch you learn new things that make you smarter and stronger every day," Mom answered. "And yes, I still love you."

– А що як мені зовсім не хочеться говорити? – продовжила питати я.

"What if I don't feel like talking at all?" I continued asking.

– Ходи сюди, – сказала вона. Я залізла їй на коліна і поклала голову їй на плече.

"Come here," she said. I climbed into her lap and rested my head on her shoulder.

– Коли ти не хочеш говорити і просто хочеш помовчати, ти починаєш використовувати свою уяву. Мені подобається бачити, що ти створюєш, – відповіла мама.

"When you don't feel like talking and just want to be quiet, you start using your imagination. I love seeing what you create," Mom answered.

Потім вона прошепотіла мені на вухо:
– Я також люблю тебе, коли ти мовчиш.

Then she whispered in my ear, "I love you when you're quiet too."

– Але чи ти все ще любиш мене, коли я боюсь? – запитала я.
"But do you still love me when I'm afraid?" I asked.

– Завжди, – сказала мама. – Коли ти налякана, я допомагаю тобі переконатись, що під ліжком і в шафі немає монстрів.
"Always," said Mom. "When you're scared, I help you check that there are no monsters under the bed or in the closet."

*Вона поцілувала мене в лобик:
– Ти така смілива, моє серденько.*

She kissed me on the forehead. "You are so brave, my sweetheart."

– І коли ти втомлена, – м'яко додала вона, – я вкриваю тебе твоєю ковдрою, приношу тобі твого плюшевого ведмедика і співаю тобі нашу особливу пісеньку.

"And when you're tired," she added softly, "I cover you with your blanket, bring you your teddy bear, and sing you our special song."

– А що як у мене забагато енергії? – запитала я, скочивши на ноги.

"What if I have too much energy?" I asked, jumping to my feet.

Вона засміялася:
– Коли ти сповнена енергії, ми катаємося на велосипеді, стрибаємо на скакалці або бігаємо надворі разом. Я люблю робити всі ці речі з тобою!

She laughed. "When you're full of energy, we go biking, skip rope, or run around outside together. I love doing all those things with you!"

– Але чи любиш ти мене, коли я не хочу їсти броколі? – я висуваю язик.

"But do you love me when I don't want to eat broccoli?" I stuck out my tongue.

Мама засміялася:
– Як того разу, коли ти підкинула свою броколі Максу? Йому дуже сподобалось.

Mom chuckled. "Like that time you slipped your broccoli to Max? He liked it a lot."

– *Ти бачила це?* – *запитала я.*
"You saw that?" I asked.

– *Звичайно, я бачила. І я все ще люблю тебе, навіть тоді.*
"Of course I did. And I still love you, even then."

Я задумалася на мить і потім поставила одне останнє запитання:

I thought for a moment, then asked one last question:

– Мамо, якщо ти любиш мене, коли я похмура або зла… ти все ще любиш мене, коли я щаслива?

"Mommy, if you love me when I'm gloomy or mad… do you still love me when I'm happy?"

– Ох, серденько, – сказала вона, знову мене обіймаючи, – коли ти щаслива, я також щаслива.

"Oh, sweetheart," she said, hugging me again, "when you're happy, I'm happy too."

Вона поцілувала мене в лобик і додала:
– Я люблю тебе, коли ти щаслива, так само, як я люблю тебе, коли ти сумна, зла, сором'язлива чи втомлена.

She kissed me on the forehead and added, "I love you when you're happy just as much as I love you when you're sad, or mad, or shy, or tired."

*Я близенько притулилася й усміхнулася:
– Отже… ти любиш мене весь час? – запитала я.*

I snuggled close and smiled. "So… you love me all the time?" I asked.

– Увесь час, – сказала вона. – Кожен настрій, кожен день, я люблю тебе завжди.

"All the time," she said. "Every mood, every day, I love you always."

Поки вона говорила, я почала відчувати щось тепле у своєму серці.

As she spoke, I started feeling something warm in my heart.

Я виглянула на вулицю і побачила, як хмари розступилися. Небо ставало блакитним і виходило сонечко.

I looked outside and saw the clouds floating away. The sky was turning blue, and the sun came out.

Здавалося, що день все ж таки буде чудовим.

It looked like it was going to be a beautiful day after all.

www.ingramcontent.com/pod-product-compliance
Lightning Source LLC
LaVergne TN
LVHW072112060526
838200LV00061B/4877